覺

現觀中脈

出版緣起

在佛經中記載著，在地球剛形成時，光音天的天神，被美麗的地球所吸引，從天上來到地球，也就是人類的祖先。彩虹不但是世界共同的吉祥象徵，在佛法中成證虹光身，更是殊勝的成就。

虹彩光音系列，結集了地球禪者洪啓嵩禪師所修造的法要偈頌、詩詞，傳承古代大成就者「道歌」的傳統，將修法心要，總攝於短短的詩篇中。是修行者的無上寶藏，更是現代人智慧的心靈活泉。

在這個輕、薄、短、小的時代，虹彩光音系列，以別出心裁的版型和視覺設計，希望為繁忙、緊張的現代人，在紛擾的塵世中，打造隨身的心靈淨土，在短暫、瑣碎的時光中，都能創造生命最大的價值。

祝福您時時安住在如虹彩般美麗的清淨自性，成證虹光身，圓滿成佛！

序

中脈是體證實相的智慧之後，所顯現的智慧脈，而不只是人類生理上的氣脈。只有在斬斷無明，體悟無常、現證空性的智慧之後，才會顯現中脈，而其中所流注的則是智慧氣。

換句話說，中脈並非世間的有為脈，而是出世間的無為脈，唯有體證實相，開悟現觀，才能顯現。因此，中脈即是「空脈」。而修學開啓中脈的方法，也正是令我們迅速去除身心氣脈障礙，現觀空性、悟入實相解脫深慧的方法，可以說是「藉假修真」的甚深方便。

在虹彩光音系列的第一冊，結集了我在日常現觀中隨手寫下，關於中脈修持的珍貴偈頌口訣，每天隨緣閱讀、持誦，對身體健康及修證覺悟，都有極大的助益。祈願有緣的大衆，能依此體證中脈的真實意境，將身心的呼吸轉成諸佛智慧的氣息，迅速祛除身心的内外障礙，健康覺悟，圓滿慈悲智慧的佛身果位！

目錄

壹、甚深中脈義——現觀中脈實相成就

脈中也
不偏不倚　法界正中
恰恰現成　一切圓滿
其性至柔　隨順如來覺性
其力至大　如那羅延

能猛不壞　能斷金剛
如焰至紅　遍燒法界
性惟清涼　相透無比
如摩尼性　隨映自在
虹光具足　具紅白藍
隨納法身　法住法位
彌諸六合　退藏於密
聖人無己　能容法界

而藏身於絕待常寂
離於生滅
本自清淨　本自具足
本自圓滿　本自不動
能生萬法　隨心顯也
悲智標幟
一念當下　暢遍法爾
法界全體　與諸佛同氣

順暢遍滿　至柔無礙
一一身分　三十六物
一一細胞　明點自成
地水火風　空性具圓
心識成智　無有可得
心暢爾　息暢爾
氣自極空乎
法爾明點　金剛空鍊

宛轉光成

身暢爾　身極微分

細胞諸佛

血流分泌　臟腑筋骨

膚肉毛孔　一一暢甚

至通也　圓通也

大空也　大樂也

悲智雙運　紅白具足

金剛鍊光顯成無上菩提
悲智妙身　身息心事
一一皆暢　迅如電光
宛轉流佛
從自身見　一一微分
明點無非如來
一一密微本尊自是明體諸佛
如摩尼金剛　鍊光流轉

相聚成佛
微如胡麻　透如水晶
無實如虹
明如千百億日　微佛相流宛轉
會成大身如來
一一相會宛轉互成　相攝相映
大小互融　無盡摩尼
會成法、報、化、應

等流現成如來妙身
金剛身圓　一切自在
自體性成　地、水、火、風、空、識
六大瑜伽在　常大光明身爾
法界諸佛　本然現成
法爾六大　外器世間
一一有情　自是金剛微佛所聚
虛空也　風息也

火大也　　諸水也

諸大地也

一切有情種識生命

人也　天也　動物　鬼神

六道一切眾　法界二十五有

一一微分　細如胡麻

皆是現成明體諸佛

如金剛鍊光宛然相合

相攝相聚　自在宛轉
流光成佛　法爾圓滿
大小互融現如海印
無盡摩尼珠映
會成華藏世界大海
一切盡佛身　盡佛息
盡佛心　盡佛淨土
盡佛六大　盡佛界

盡金剛界　盡如來界

盡法爾界　盡法性界

盡大圓滿界　盡全佛界

盡一切吉祥勝利

是故頂禮諸佛也

是名法界全體諸佛現成

惟一中脈　明點顯現

一一流轉　無礙自在

大慈空樂　具足圓滿
是全佛金剛善妙具足
以法爾體性自在流出
是諸佛惟一密義
一切如來金剛最秘密藏
以諸佛大慈本願故
明顯流出
亦名中脈實相義爾

隨順如來覺性
眾生無二成佛也
一切無上菩提圓成
嗡　圓滿

佛曆二五四五年・西元二〇〇〇年
庚辰年十二月諸佛歡喜之日
以圓頓密意心血　法界摩尼流明

金剛空鍊妙光　寫於法爾虛空中
是諸佛血脈　見者自取
得證無上菩提　法界有情
咸證佛果　全佛金剛

貳、關於中脈呼吸的修法

睡時　中脈開
頂輪置眉心輪
眉心輪置喉輪
喉輪置心輪
心輪置臍輪
臍輪置海底輪

海底輪置於空
空置於法界體性（不可得也，無生滅也）
以空息、法界智息
隨於中脈呼吸
入法界光明自在
睡矣！

非於夢睡如是
行、住、坐、臥亦如是也

隨時安住在中脈呼吸
是對眾生極大的利益
在中脈中呼吸無上的正覺智慧氣息
則是對眾生的最大利益

如何是中脈之息也？

《法華經》言：「佛種從緣起，是故說一乘；是法住法位，世間相常住。」

此一乘妙位，乃佛種緣起也。是故諸佛印証不無，染汙不得；如來體性常具，識其真者；衆生悉皆如來，實不可得準準妙位，一相不異，是萬善同歸一性，住一乘法位實不可得也，於是乃知法住法位，一實之理，世間常現一切如來常住爾。於此一乘實爾，乃極平常，全佛法界爾。故於此實相中，別示方便，自體妙作，安於法界息也。

何謂法界息也？身常安然，自住大鬆之相，體常正哉，圓一佛身爾。於此中脈以顯，心、氣、脈、身、境，以法住法位矣！斯乃佛位之位，身心如如自在，息入中脈矣；是言：

「中脈呼吸，是對衆生極大利益；

在中脈呼吸無上的正覺智慧氣息，

則是對衆生的最大利益。」

是中脈息也，心、氣、脈、身、境一如法位，法住法、報、化、功德、事業佛身，世間相顯毘盧遮那如來，實身釋迦矣，法界衆生皆佛也，以自身息住法位，世間衆生常住佛身爾，是最勝無比，同體大慈大悲利益。一一中脈息身，一一法界中心，法住位也，一一衆生同顯大光藏也。有此會心，特此明之，願衆生皆佛也。

行、住、坐、臥住中脈
醒睡一如中脈中
無上正覺大智息
眾生如實得大利

緣音以此偈演述如實安住中脈及二六時中不離中脈智息之理，眾生於住中脈行者能得廣大利益，自當知爾！

參、納吐淨息甚深訣

欲實反虛　欲有還空
遣有沒有　無空不空
細細出息　通身息盡
如傾瓶水　息盡方淨
氣盡身圓　自生息納
法界身淨　具力至柔

柔而有力　微密納息
淨息滿身　心氣身圓
脈明空淨　通身如如
息流脈柔　當知現空
若實自虛　若有自空
空而至空　空盡極圓
淨離諸覺　妙有眞空
有相即遺　身息即盡

心相即滅　現前一如
眞空妙有　成金剛身

一線出明　細細心息
長綿不斷　續續相吸
頓然現空　法爾無生
無滅現成　如是成具
中脈中圓　有息至密

細而更細　密而無餘
現空成明　宛若息寂
惟一明點　相串智息
金剛如鍊　已無可得
或忘或存　何庸分矣！

肆、中脈淨息光明語

原來

中脈呼吸是淨光　智息相續金剛鍊

法爾無間自成就　頂禮帝諾巴大師

拙火現起中脈中　無間智息火生空

空大自成金剛鍊　法爾光明法界通

一切光明金剛語　無間智息語金剛
金剛鍊串金剛鍊　一切如來語金剛
無修中呼吸智息　無作中智息相續
無礙中金剛鍊息　無得中現前實相
無師自然悟　無見自然通
無得自然成　金剛持自身

無修本來佛　無證金剛持
無行大圓滿　無得自成就

我無作者　爾非作者
自他圓滿　一切是佛

慈悲光明好呼吸　原來一切大樂息
無事串成光明鍊　無作現前持金剛

放下身心全清淨　一切煩惱不用管
宛然自在息中脈　金剛鍊成法界光
法爾自在好成佛　不可得中智無師
全體成就全如來　現空一片如是同

見帝諾巴傳承教授所起現觀
頂禮帝諾巴大師現前教授三身心要四法灌無間密意傳燈

現觀幻境全法界
無礙現成解脫佛
如實相應本瑜伽
我即大樂持金剛

——觀《那洛巴大師傳》，

忽見鼻中障礙散飛，如黑蟲群飛，豁然現觀黑蟲無礙法爾體性，現成實相佛；當下黑蟲現前顯示自然佛身鼻中餘蟲亦然，現成法界全佛也。

實相涅槃界
現成即眞如
我無法可說
現前住中道

伍、光明呼吸法

打開頭部，
讓腦的中心打開，
於是光明注入了腦的中心，
從腦內到腦外，全亮了起來。
腦的中心像太陽般的明亮，
像水晶般的透明，

像彩虹一般的沒有實體，
全部的腦，全部明亮起來。

打開頸子，
讓頸子的中心打開，
於是光明注入了喉嚨的中心。
從喉內到喉外，全亮了起來。
喉嚨的中心像太陽般的明亮，

像水晶般的透明，
像彩虹一般的沒有實體，
全部的喉嚨，全部明亮起來。

打開胸腔，
讓胸部的中心完全打開，
光明注入了胸腔的中心。
從胸內到胸外，全亮了起來。

胸內的中心像太陽般的明亮，
像水晶般的透明，
像彩虹一般的沒有實體，
全部的胸腔，全部明亮起來。

打開腹腔，
讓腹部的中心完全打開，
光明注入了腹腔的中心

從腹內到腹外，完全亮了起來。
腹內的中心像太陽般的明亮，
像水晶般的透明，
像彩虹一般的沒有實體。
全部的腹腔，全部明亮起來。

打開下腹腔，
讓腹腔的中心完全打開，

光明注入了下腹腔的中心，
從腹內到腹外，全亮了起來。
下腹腔內的中心像太陽般的明亮，
像水晶般的透明，
像彩虹一般的沒有實體，
全部的腹腔，全部明亮起來。
於是全身完全鬆開了，

像太陽般的光明，
像水晶般的透明，
像彩虹般的沒有實體。

身體的中心，
在頂上、腦部、喉嚨、胸部、
腹部及下腹部的中心點，
就像是聚集了無數太陽的光華一般。

在光明中更顯現出了無比的光明。

於是，
我們的心念完全放鬆、放下，
宛若虛空一般的清明覺照了。

現在讓我們的心
清明觀看著清新的空氣。

這時，
我們輕輕的將頭頂中心放下，
安置在腦的中心，
接著將腦的中心輕輕放下。
安置在喉嚨的中心，
再將喉嚨的中心輕輕放下。
安置在胸部的中心，
再將胸部的中心輕輕放下。

安置在腹部的中心，
再將腹部的中心輕輕放下。
安置在下腹的中心，
讓下腹中心完全放鬆、放空；
放空、完全的自在。
於是清新的空氣也變得活了，
變得自在了。

清新的氣息，
十分歡喜的放鬆了、放下了，
完全化成了無比清淨的光明。

光明的氣息歡欣的流向鼻子，
從鼻子的正中心，
無聲無息的流注到我們的身體。
滑入腦的中心，比絲緞還滑潤，

比最光明的彩虹還要溫柔。

輕輕的、細細的、
溫柔的安撫輕摩著滑過的細胞。

於是所有呼吸道上的細胞更愉悅、
更光明、更自在的覺醒了。

光明的氣息就像彩虹一樣，
流入了腦的中心，
從腦的中心細細柔柔的流注滑下了
喉嚨、胸腔、腹部與下腹的中心，
溫柔的安撫了全身的細胞、臟腑。

我們的身體更光明、幸福了；
更歡喜、自在了。

光明的氣息，
就像最明透的絲絨一般，
穿過了腦、喉、胸、腹及下腹等
身體的中心。

就像最明亮的鑽石光鍊一般，
讓身體與生命成為無比的歡喜、
悅樂、光明。

於是，光明的氣息，
就這樣來回的灌注著
我們的身體與心靈。

從鼻子、腦部、喉部、
胸部、腹部、下腹，
再從下腹、腹部、胸部、
喉部、腦部，到鼻子，

輕柔的呼出。

我們的身體成了光明的鑽石光鍊，

在人間散發著健康、歡喜、

光明與幸福！

陸、與諸佛同息

一、心

首先把心放鬆放下，
安住自性，
沒有妄念，
也不昏沉。

二、氣（呼吸）

將呼吸放鬆放下，
呼吸就像一面鏡子，
我們如何對待她，
她就如實反映出來。

當我們的呼吸具足智慧時，
她就成了文殊菩薩，
每一個智慧的呼吸即明點，
進入我們的體內。

當我們溫柔的呼吸時，
呼吸她就成了溫柔的觀世音菩薩，
每一個溫柔的呼吸即明點，

進入我們的體內……
隨著呼吸不同的面貌，
我們想像她就是不同的本尊。

三、脈

再來我們將頂輪放空，觀想本尊住於虛空中，安坐於千葉寶蓮之上。每次可依不同的修法、不同的因緣觀想不同的本尊。

接著，

觀想本尊慢慢從頂輪降到眉心輪，

（從頂輪到眉心輪這段中脈就清楚的開啓了）

接著，

觀想本尊慢慢從眉心輪降到喉輪，

（從頂輪到眉心輪到喉輪這段中脈就清楚的開啓了）

接著，
觀想本尊慢慢從喉輪降到心輪，
（從頂輪到眉心輪、喉輪、心輪
這段中脈就清楚的開啓了）

接著，
觀想本尊慢慢從心輪降到臍輪，
（從頂輪到眉心輪、喉輪、心輪、臍輪
這段中脈就清楚的開啓了）

接著，
觀想本尊慢慢從臍輪降到海底輪，
（從頂輪到眉心輪、喉輪、心輪、臍輪、海底輪
這段中脈就清楚的開啟了）

現在，
我們體內的中脈完全開啟了，
每一個細胞都產生共振、共鳴，

不斷的擴散出去。

我們的呼吸都化成本尊，
沿著中脈吸入、呼出。
而在海底輪處有一本尊安住，
我們的呼吸就是本尊的呼吸，
本尊的呼吸就是我們的呼吸。

柒、光明觀想

在最自在的清淨心中
放下一切　一切放下
連能放下的也輕輕的　全體放下
放下……
到沒有了一絲一毫的罣礙

於是靜觀著朝陽的昇起
光明成了自心的惟一光景

放下身體
讓身像流水般的明淨
放出呼吸
讓呼吸如清風般的自適
放開心意

讓心靈如同妙蓮般開啓

身、息與心淨裸裸的
像千百億日的光明
如水晶般的明透
宛轉如流虹般的明潤自在無實
心意自然的止息無念了
身息也安住在光明無念的心裡

默默清明的心地
如旭日飛空般宛轉明照
海印著萬丈金毫
相映相攝著無量光的心正是如
是如如默默
澄澄明照的好風光
這恰恰是大好一天的心意

從安默的寂靜中
澄照明見了圓滿一天
恰恰現成
正好
坐個好禪

捌、寂靜導引

光明的境　會入了圓滿澄清
默然寂淨……
大空的身　化入了圓明無相
默然寂淨……

至柔的脈　注入了宛轉流明
默然寂淨……
最鬆的呼吸氣息　現空成明如幻
默然寂淨……
如如的心　本然是明空無念
默然寂淨……

就如同融金一樣　宛轉流明
圓滿的境　融入了大空的身
大空的身　流入了至柔的脈
至柔的脈　化成了最鬆的氣息
最鬆的氣息
現前成如如的心

於是一切現前的光明遍照

現成默然寂淨
平等的心
明照默默的
會入了本寂
歡喜的
清淨

玖、息心偈

本然覺明的心
是明照默默的意
從光明裡轉身回首
飄然的現起　了無蹤跡
就這樣明明默默

讓明月映入了心底
那麼的寂然澄明

於是
過去的心已了然的不可得
未來的心是現前的不可得
現在的心是當下的不可得

所有的妄動心意
早已會入了自然明默

輕輕把心放下
那麼全然的無念澄明
輕輕的把念放下
讓整個宇宙融入了光明的身
身融入了脈

脈融入了呼吸
呼吸融入了心
心融入了光明的淨默

於是心完全止息了
是靜靜的　澄澄的　明淨的……
默……　淨淨的
默……

作者簡介

地球禪者洪啟嵩，為國際知名禪學大師。年幼深感生死無常，十歲起參學各派禪法，尋求生命昇華超越之道。二十歲開始教授禪定，海內外從學者無數。

其一生修持、講學、著述不綴，足跡遍佈全球。除應邀於台灣政府機關及大學、企業講學，並應邀至美國哈佛大學、麻省理工學院、俄亥俄大學，中國北京、人民、清華大學，上海師範大學、復旦大學等世界知名學府演講。並於印度菩提伽耶、美國佛教會、麻州佛教會、大同雲岡石窟等地，講學及主持禪七。

畢生致力以禪推展人類普遍之覺性運動，開啟覺性地球，2009與2010年分別獲舊金山市政府、不丹王國頒發榮譽狀，於2018年完成歷時十七年籌備的史上最大佛畫—世紀大佛（166公尺X72.5公尺），在藝術成就上，被譽為「二十一世紀的米開朗基羅」，在修證成就上，被譽為「當代空海」，為集禪學、藝術與著述為一身之大家。

歷年來在大小乘禪法、顯密教禪法、南傳北傳禪法、教下與宗門禪法、漢藏佛學禪法等均有深入與系統講授。著有《禪觀秘要》、《大悲如幻三昧》等〈高階禪觀系列〉及《現觀中脈實相成就》、《智慧成就拙火瑜伽》等〈密乘寶海系列〉，著述超過二百部。

虹彩光音01《現觀中脈》
作　　者　洪啓嵩
執行編輯　蕭婉甄、莊涵甄
美術設計　吳霈媜、張育甄
校　　對　許諺賓
出　　版　全佛文化事業有限公司 www.buddhall.com
訂購專線：(02)2913-2199 傳真專線：(02)2913-3693
匯款帳號：3199717004240 合作金庫銀行大坪林分行
戶　　名：全佛文化事業有限公司
E-mail:buddhall@ms7.hinet.net
門　　市　覺性會館．心茶堂
新北市新店區民權路 95 號 4 樓之 1 (02)2219-8189
行銷代理　紅螞蟻圖書有限公司
台北市內湖區舊宗路二段 121 巷 19 號 (02)2795-3656

初版一刷　二〇一八年一月
精裝定價　新台幣二五〇元
ISBN 978-986-6936-96-8（精裝）

ISBN 978-986-6936-96-8
9 789866 936968
NT$250

國家圖書館出版品預行編目（CIP）資料

現觀中脈 / 洪啓嵩作 . -- 初版 .
-- 新北市 : 全佛文化 , 2018.01
面 ; 公分 . -- (虹彩光音 ; 1)
ISBN 978-986-6936-96-8(精裝)
1. 佛教修持
225.7 107000092